AF509654

VOLTE-FACE

PIÈCE EN UN ACTE

AUGUSTE GERMAIN

VOLTE-FACE

PIÈCE EN UN ACTE

PARIS

H. SIMONIS EMPIS, ÉDITEUR

21, RUE DES PETITS-CHAMPS, 21

1895

PERSONNAGES

L'AMIRAL.

MADAME D'ALBERTY,) Ces deux rôles doivent être tenus
GABRIELLE, sa fille.) par une seule artiste. Pour facili-
ter le changement des costumes, madame d'Alberty entrera
en scène avec un long manteau de voyage.

UN MAITRE D'HOTEL.

VOLTE-FACE

Le hall d'un hôtel à Dinard. Table avec journaux au milieu. Fauteuils. Rocking-chair. A droite, au premier plan, chaise longue cannelée. Des plantes vertes. Çà et là, des tables.

—

SCÈNE PREMIÈRE

L'AMIRAL, UN MAITRE D'HOTEL. *L'Amiral, assis à la table du milieu à droite, frappe avec force sur un plateau.*

L'AMIRAL

Garçon! Garçon! (*Personne ne vient. Il lit un journal Après quelques minutes de lecture.*) Garçon! Garçon!

LE MAITRE D'HOTEL

Voici, monsieur l'amiral.

L'AMIRAL

Vous ne pouviez pas venir plus tôt ?

LE MAITRE D'HOTEL

Je demande pardon à monsieur. J'étais en train de donner un renseignement à madame d'Alberty.

L'AMIRAL

Qu'est-ce qu'elle voulait, madame d'Alberty?

LE MAITRE D'HOTEL

Aller avec sa fille, mademoiselle Gabrielle, à Saint-Malo.

L'AMIRAL

Qu'est-ce que ça peut lui fiche, Saint-Malo? Elle ne se trouve pas bien à Dinard? Moi, j'y suis déjà depuis un mois et je ne m'ennuie pas.

LE MAITRE D'HOTEL

Monsieur l'amiral a l'habitude des longs voyages. La traversée de Dinard à Saint-Malo ne l'amuserait pas. Mais ces dames y trouveront du plaisir.. Mademoiselle Gabrielle surtout.

L'AMIRAL

Elles partent seules?

LE MAITRE D'HOTEL

M. Georges d'Astorg les accompagnera.

L'AMIRAL

Qui ça, d'Astorg ?

LE MAITRE D'HOTEL

Un monsieur qui a les mêmes habits que monsieur, avec moins de galons sur les manches. Il porte un nom particulier, celui qu'on met sur les boutiques, pour désigner...

L'AMIRAL

Un enseigne ?

LE MAITRE D'HOTEL

C'est ça, monsieur.

L'AMIRAL

Vous ne pouviez pas le dire tout de suite ?

LE MAITRE D'HOTEL

Je demande pardon à monsieur. Je suis Suisse. Chez nous, on ne connaît que les amiraux.

L'AMIRAL, *d'un air détaché.*

Et ce M. Georges d'Astorg est empressé auprès de mademoiselle Gabrielle ?

LE MAITRE D'HOTEL

Je n'ai pas fait attention. J'ai trop de consommations à servir.

L'AMIRAL

Alors donnez-moi un verre de kümmel, vivement.

LE MAITRE D'HOTEL, *fort.*

Pas de café?

L'AMIRAL

Non, ça m'énerve.

(*Exit le maître d'hôtel.*)

SCÈNE II

L'AMIRAL, MADAME D'ALBERTY

MADAME D'ALBERTY, *chargée de plaids, de fichus, etc.*

Oh! mon amiral, vous étiez là? Je vous cherche depuis un quart d'heure.

L'AMIRAL

Il y en a trois que je suis ici... sans avoir pu me faire servir un petit verre. (*Avec un air galamment bourru.*) Mais je ne regrette rien, puisque j'ai ainsi le plaisir de vous voir. (*Avec un ton de bouledogue en colère, désignant les objets que madame d'Alberty a déposés sur une chaise.*) Qu'est-ce que c'est que tous ces machins-là? Vous allez au pôle Nord?

MADAME D'ALBERTY

Non, mon amiral, à Saint-Malo.

L'AMIRAL

Qu'est-ce que vous allez fiche à Saint-Malo? Voir Chateaubriand? Il est enterré, Chateaubriand! Vous n'espérez pas qu'on le déterre pour vous?

MADAME D'ALBERTY

Mais, mon amiral...

L'AMIRAL

Oui, il y a aussi les remparts. Ça vous intéresse, les remparts? Ça n'est pas vous qui tirerez le canon?

MADAME D'ALBERTY

Mais...

L'AMIRAL

C'est une idée de l'enseigne que vous avez rencontré, M. d'Astorg, un garçon qui ne doit même pas savoir se servir de sa boussole!

MADAME D'ALBERTY

Pardon, c'est une idée de ma fille.

L'AMIRAL

De mademoiselle Gabrielle?

MADAME D'ALBERTY

Oui.

L'AMIRAL

Alors vous auriez pu me demander de vous servir de cicerone. Un amiral en sait toujours plus qu'un enseigne.

MADAME D'ALBERTY

Nous avons craint de vous déranger...

L'AMIRAL

Votre fille sait bien que tout ce qu'elle me demandera, je le ferai. Et vous aussi.

MADAME D'ALBERTY, *avec un petit rengorgement satisfait.*

Oh ! mon amiral !

L'AMIRAL

Parbleu, vous êtes seules toutes les deux. Vous avez besoin de quelqu'un qui vous dirige.

MADAME D'ALBERTY

C'est si triste d'être veuve !

L'AMIRAL

Pourquoi ne vous remariez-vous pas? Il n'y a pas de

règlements qui vous empêchent de recommencer cette
bêtise-là.

MADAME D'ALBERTY

Vous appelez ça une bêtise?

L'AMIRAL

Il y en a de bonnes. J'en ai fait que je recommen-
cerais volontiers. Ainsi, tenez, en ce moment, je suis
amoureux.

MADAME D'ALBERTY, *s'approchant.*

Ah! vraiment.

L'AMIRAL

Oui ; ça vous étonne ?

MADAME D'ALBERTY, *avec des yeux en coulisse.*

Pas du tout; car vous pouvez prétendre à des succès.

L'AMIRAL

Oh ! ça n'est plus comme dans le temps. J'ai des che-
veux blancs.

MADAME D'ALBERTY

Poivre et sel seulement.

L'AMIRAL

S'il me fallait grimper à un mât, je m'arrêterais à
moitié.

MADAME D'ALBERTY

Oh ! vous êtes encore vigoureux !

L'AMIRAL

Et puis mon caractère est un peu aigri.

MADAME D'ALBERTY

Quand vous le voulez, vous êtes charmant. Vous avez
eu tant d'aventures... et vous les contez si bien ! Ce
n'est pas comme mon mari. Il n'ouvrait jamais la bouche.

L'AMIRAL

Alors vous me trouvez bien conservé ?

MADAME D'ALBERTY

Vous êtes un très beau cavalier.

L'AMIRAL

Et selon vous, je pourrais encore faire la cour à une
jolie femme ?

MADAME D'ALBERTY

Sans flatterie, je le pense.

L'AMIRAL

Ça me fait plaisir ce que vous me dites là.

MADAME D'ALBERTY

Et serais-je indiscrète en vous demandant quelle est
la personne ?...

L'AMIRAL

Vous la connaissez.

MADAME D'ALBERTY

Allons donc!

L'AMIRAL

Elle a tout à fait vos yeux.

MADAME D'ALBERTY, se rengorgeant de plus en plus et ronronnant.

Ah !

L'AMIRAL

Et votre bouche.

MADAME D'ALBERTY

Mais ma bouche n'est pas si jolie !

L'AMIRAL

Je la trouve très bien, moi. Et quand je dis quelque chose!... De plus, la personne en question a encore votre nez, vos oreilles, votre menton...

MADAME D'ALBERTY, ravie. Avec un petit gloussement de poule.

Ah! Ah! Ah!

2

L'AMIRAL

Enfin, c'est tout votre portrait... puisque c'est votre fille.

MADAME D'ALBERTY, *stupéfaite et changeant soudain de physionomie.*

Gabrielle ! Il s'agit de Gabrielle !

L'AMIRAL

Dame ! Je ne parle pas de l'empereur de Chine.

MADAME D'ALBERTY, *tout à fait déconfite.*

Mais c'est que je m'attendais si peu...

L'AMIRAL

Ah ! ça m'est venu très vite... Depuis quinze jours, je voyais votre fille... Elle me taquinait, m'ennuyait, me faisait rire... Mais je ne pensais pas à elle... Quand hier, tandis que vous et moi, nous parlions ensemble, j'apercois ce monsieur, comment l'appelez-vous ? Captor... Totor ?

MADAME D'ALBERTY

D'Astorg.

L'AMIRAL

C'est ça, d'Astorg... Il vient vers mademoiselle Gabrielle... Il lui parle... Elle lui répond gentiment... se met à lui sourire... Je ne dis rien... Mais il l'invite pour une valse... Elle consent... Bon... Je ne dis rien encore... Mais il l'invite pour une autre valse, et une autre, et une autre... Alors je ne sais plus ce qui s'est passé en moi... J'ai eu un mouvement de rage, un désir d'insulter un de mes inférieurs!... (*Un temps.*) J'ai réfléchi, c'est de la jalousie... J'aime votre fille... Voulez-vous m'accorder sa main?...

MADAME D'ALBERTY, *se levant.*

Je vous demande pardon, mon amiral. Je suis très pressée... Puis ce que vous venez de dire m'a bouleversée beaucoup, beaucoup... Vous me permettrez de différer un peu ma réponse? (*Elle se sauve en courant.*)

L'AMIRAL

Attendez donc! Attendez donc! (*Madame d'Alberty fait signe que non. Elle sort.*)

SCÈNE III

L'AMIRAL, LE MAITRE D'HOTEL

L'AMIRAL, *frappant sur la table.*

Garçon! Garçon!

LE MAITRE D'HOTEL, *entrant avec un plateau supportant
un petit verre et une bouteille.*

Voilà, monsieur.

L'AMIRAL

Allez-vous me servir enfin, mille torpilleurs !

LE MAITRE D'HOTEL

Nous n'avons pas de torpilleurs ici, monsieur.

L'AMIRAL

Est-il possible d'être aussi bête !... Si je ne connais-
sais pas des Suisses autrement intelligents que toi, mon
garçon, j'aurais une fichue idée de ton pays.

LE MAITRE D'HOTEL

C'est un beau pays que le mien. On n'y fait pas de
politique.

L'AMIRAL

Flanque-moi la paix et donne-moi ce que je te demande.

LE MAITRE D'HOTEL

Une fine-champagne, n'est-ce pas, monsieur ?

L'AMIRAL

Mais non, triple idiot.

LE MAITRE D'HOTEL

J'y suis... Du café ?... (*Désolé.*) J'ai oublié ma cafetière.

L'AMIRAL

Je t'ai demandé du kümmel. Ah! si le lac de Genève était là, comme je t'y ferais piquer une tête !

LE MAITRE D'HOTEL, *très calme.*

C'est vrai... Vous m'avez demandé du kümmel... Comme j'ai une mauvaise mémoire ! Je vais le chercher... (*Il sort en courant et bouscule Gabrielle qui entre.*)

SCÈNE IV

L'AMIRAL, GABRIELLE

GABRIELLE

Ah! le maladroit.

L'AMIRAL

Il est à tuer ce garçon-là... (*Galamment.*) Mais comment se fait-il que je vous voie ? Vous n'êtes pas partie avec M. d'Astorg ?

GABRIELLE

Pas encore; je cherche partout petite mère... On m'avait dit qu'elle était ici.

L'AMIRAL

Elle vient de sortir.

GABRIELLE

Et où est-elle allée ?

L'AMIRAL

Je croyais qu'elle vous avait rejointe.

GABRIELLE

Pas du tout... Que c'est ennuyeux, nous allons manquer le bateau !

L'AMIRAL

Vous en prendrez un autre.

GABRIELLE

M. d'Astorg nous a dit que nous aurions juste le temps de visiter Saint-Malo.

L'AMIRAL

Il ne sait pas ce qu'il dit.

GABRIELLE

Ah! si... Il est très intelligent.

L'AMIRAL

Beuh! Beuh! Vous croyez ça ?

GABRIELLE

Et très gentil.

L'AMIRAL

Comme tout le monde.

GABRIELLE

Oh ! non.

L'AMIRAL

Qu'est-ce que vous lui trouvez de si bien ?

GABRIELLE

Il a beaucoup de qualités. Il est sorti le premier de l'Ecole navale.

L'AMIRAL

Moi aussi.

GABRIELLE

Il a beaucoup voyagé.

L'AMIRAL

Il n'y a pas que lui.

GABRIELLE

Il parle très bien.

L'AMIRAL

Et moi ?

GABRIELLE, *riant.*

Oh! vous, vous employez quelquefois des expres-
sions... Heureusement, en qualité de jeune fille, je ne
les comprends pas. Enfin, M. d'Astorg appartient à
une très bonne famille... Et puis, il est courageux! Il a
retiré de l'eau un homme qui se noyait.

L'AMIRAL

Comme c'est malin! J'en ai sauvé dix.

GABRIELLE

Mais il n'a pas votre âge! Quand il aura votre âge, il
en aura au moins retiré vingt.

L'AMIRAL

Vous me croyez donc bien vieux ?

GABRIELLE

Oh! je ne dis pas que vous êtes vieux... vieux...
Mais vous n'êtes toujours pas aussi jeune que M. d'Astorg.

L'AMIRAL

Alors je vous déplais ?

GABRIELLE

Non. Vous me plaisez autrement.

L'AMIRAL

Comment m'aimez-vous ?

GABRIELLE

Comme un bon papa.

L'AMIRAL

Vous dites ?

GABRIELLE

Dame !... Est-ce que je vous ai fâché ?

L'AMIRAL

Non... non... Et si l'on vous proposait d'épouser un homme de mon âge, que répondriez-vous ?

GABRIELLE, *riant.*

Oh ! oh ! qu'est-ce qui oserait me conseiller ça ?

L'AMIRAL

Mais, par exemple, madame votre mère...

GABRIELLE

Je lui dirais que c'est bon pour elle, mais pas pour moi.

L'AMIRAL, *bondissant.*

Cré nom de cré nom !

GABRIELLE

Qu'avez-vous ?

L'AMIRAL

Rien... Une douleur dans l'épaule gauche...

GABRIELLE

Vous voyez comme ce serait gai pour moi d'épouser un homme de votre âge... Il faudrait, le lendemain de sa noce, soigner ses rhumatismes... Allons, au revoir, je vais tâcher de retrouver petite mère.

L'AMIRAL

Amusez-vous bien !

GABRIELLE

Oh ! oui... puisque M. d'Astorg sera là... (*Revenant vers l'amiral et lui parlant confidentiellement.*) Est-ce que je peux vous confier un secret ? Vous ne le révélerez pas ? Vous le jurez ?

L'AMIRAL

Parbleu !... Mettriez-vous en doute la parole d'un amiral ?

GABRIELLE, *hésitant.*

Eh bien... eh bien... oh ! non...

L'AMIRAL

Allons... je vous écoute...

GABRIELLE

C'est si difficile à dire...

L'AMIRAL

Voyons... parlez...

GABRIELLE

Eh bien. M. d'Astorg et moi, nous nous sommes fiancés depuis avant-hier. Nous devons le dire ce soir à petite mère. (*Elle met un doigt sur sa bouche.*) Mais chut ! pas un mot avant... (*Elle sort, précipitamment.*)

SCENE V

L'AMIRAL, LE MAITRE D'HOTEL

L'AMIRAL, *se promenant à grands pas.*

Elle est bonne celle-là, elle est très bonne ! (*Il reprend sa promenade et assène sur les tables de vigoureux coups de poing.*)

LE MAITRE D'HOTEL, *une bouteille à la main.*

Voilà, mon amiral.

L'AMIRAL

Qu'est-ce tu me veux, toi?

LE MAITRE D'HOTEL

Mais...

L'AMIRAL

Oui, dis un peu ce que tu me veux?

LE MAITRE D'HOTEL

Mais...

L'AMIRAL, *le saisissant à la gorge.*

Parleras-tu enfin?

LE MAITRE D'HOTEL, *étouffant à moitié.*

Peux pas... aïe, aïe... étouffe... lâchez-moi.

L'AMIRAL, *le lâchant.*

Ça n'a pas de souffle ces gens-là... Ah! la jeunesse d'aujourd'hui! Pauvre France!

LE MAITRE D'HOTEL

Je suis Suisse.

L'AMIRAL

Enfin que me veux-tu?

LE MAITRE D'HOTEL

Je vous apportais ce que vous m'aviez demandé.

L'AMIRAL

Quoi ?

LE MAITRE D'HOTEL, *réfléchissant.*

Voyons... Mais oui... c'est bien vous qui m'avez commandé du kümmel.

L'AMIRAL

Je n'y pensais plus... Mais tu n'avais pas besoin de crier aussi fort pour me le donner... Allons, verse vite, et va-t'en.

LE MAITRE D'HOTEL. *Il va vers la table où était assis, au commencement, l'amiral.*

Ah! bien! Ah bien... C'est fort, ça !

L'AMIRAL

Qu'est qu'il y a encore ?

LE MAITRE D'HOTEL

Je croyais avoir mis un verre là, un petit verre.

L'AMIRAL

Eh bien ?

LE MAITRE D'HOTEL

Eh bien, je l'aurai remporté, sans m'en apercevoir...

L'AMIRAL

Imbécile !

LE MAITRE D'HOTEL

Je manque décidément de mémoire... J'en manque absolument.

L'AMIRAL, *le menaçant.*

Oh! comme je t'étranglerais, toi, avec plaisir. (*Le maître d'hôtel, effrayé, s'enfuit en courant.*)

SCÈNE VI

L'AMIRAL, MADAME D'ALBERTY

MADAME D'ALBERTY

Comment, mon amiral, vous êtes encore là?

L'AMIRAL

Vous le voyez.

MADAME D'ALBERTY

Excusez-moi, je suis partie très vite tout à l'heure... Et j'ai oublié de prendre les châles et les fichus que

j'avais apportés... Vous comprenez, si nous revenons ce
soir... nous aurons froid...

L'AMIRAL

Dépêchez-vous. Votre fille vous cherche.

MADAME D'ALBERTY

Elle vous a rencontré ?

L'AMIRAL

Elle est venue voir si vous n'étiez pas ici.

MADAME D'ALBERTY

Ah !

L'AMIRAL

Et nous avons causé.

MADAME D'ALBERTY

Vous lui avez confié vos intentions ?

L'AMIRAL, *très triste.*

Ah ! elle est gaie, votre fille !

MADAME D'ALBERTY

Qu'est-ce qu'elle vous a dit ?

L'AMIRAL

Que je n'étais qu'un vieux barbon...

MADAME D'ALBERTY

Vous lui avez donc fait une déclaration?

L'AMIRAL

Je lui ai demandé ce qu'elle pensait des hommes de
mon âge, s'il lui conviendrait d'en épouser un.

MADAME D'ALBERTY

Et elle a répondu?

L'AMIRAL

En me riant au nez.

MADAME D'ALBERTY

Oh!

L'AMIRAL

Elle a eu l'air de me regarder comme un invalide...
Voyons, est-ce que j'ai l'air d'un invalide?

MADAME D'ALBERTY

Pas du tout.

L'AMIRAL

Eh bien, c'est sa pensée. Elle m'aime en bon papa!

MADAME D'ALBERTY

C'est qu'elle est si jeune...! Il faut faire tout de même
un peu la différence des âges.

L'AMIRAL

Oui, elle préfère un freluquet qui n'a sauvé qu'un homme qui se noyait !

MADAME D'ALBERTY

Vous dites ?

L'AMIRAL

Rien... rien... Je dis qu'elle préfère les jeunes gens.

MADAME D'ALBERTY

Avouez que c'est un peu naturel.

L'AMIRAL

Mais, sacré nom de sacré nom ! je ne suis pas un vieux de la vieille, une carcasse de bâtiment défoncé.

MADAME D'ALBERTY

Non pas.

L'AMIRAL

Vous me trouvez bien, vous ?

MADAME D'ALBERTY

Oh ! mon amiral !

L'AMIRAL

Vous avez envie de retirer maintenant vos paroles ?

3.

MADAME D'ALBERTY

Oh! non.

L'AMIRAL

Alors?

MADAME D'ALBERTY

Mais moi, je ne suis plus à l'âge de Gabrielle. Je vois avec d'autres yeux, je juge avec d'autres senti- ments. Je suis très vieille, moi.

L'AMIRAL

Ne dites pas ça, vous êtes charmante.

MADAME D'ALBERTY

Vous me flattez, mon amiral.

L'AMIRAL

Pas du tout; moi, vieux militaire, moi, franchise car- rée. J'ai été bête tout de même... Je me suis monté la tête... Au fond, elle avait raison, votre Gabrielle.

MADAME D'ALBERTY

Vraiment?... Vous trouvez?

L'AMIRAL

Parbleu! Si je me marie, il me faut une épouse qui connaisse la vie, qui supporte parfois mes impatiences grognonnes... J'ai eu tort de m'emballer, je le sens bien... Ce dont j'ai besoin, c'est d'une femme dans votre genre.

MADAME D'ALBERTY, *baissant les yeux.*

Oh...

L'AMIRAL

Vous êtes calme, vous; vous êtes raisonnable; vous ne valseriez pas toute une nuit avec des jeunes gens pour me faire enrager.

MADAME D'ALBERTY

Vous ne savez pas...

L'AMIRAL

Mais si... Je vous ai bien jugée. Vous avez infiniment de qualités.

MADAME D'ALBERTY

Vous exagérez.

L'AMIRAL

Pas du tout; seulement, si je vous demandais votre main, maintenant, après ce qui vient de se passer, vous m'enverriez promener.

MADAME D'ALBERTY

Oh !

L'AMIRAL

Et vous auriez raison.

MADAME D'ALBERTY

On a toujours tort d'être impoli.

L'AMIRAL

Hein ?

MADAME D'ALBERTY

Avant de vous envoyer promener, comme vous dites, je demanderais à réfléchir.

L'AMIRAL

Non ? Mais vous parlez sérieusement ?

MADAME D'ALBERTY

Je n'ai pas l'air de rire.

L'AMIRAL

Ah ?

MADAME D'ALBERTY

Seulement, j'hésiterais parce que je ne crois pas que je vous plaise autant que vous venez de le dire.

L'AMIRAL

Mais si, mais si !

MADAME D'ALBERTY

J'ai des yeux...

L'AMIRAL

Fort beaux.

MADAME D'ALBERTY

Une bouche...

L'AMIRAL

Exquise.

MADAME D'ALBERTY

Un nez...

L'AMIRAL

Tout à fait bien dessiné.

MADAME D'ALBERTY

Alors?

L'AMIRAL

J'ai été fou tout à l'heure... Et si vous voulez associer nos deux existences?

MADAME D'ALBERTY

Mais je vous ai demandé à réfléchir?

L'AMIRAL

Ne me rendez pas encore malheureux.

MADAME D'ALBERTY

Eh bien, non... Mais promettez-moi que vous jurerez le moins possible?

L'AMIRAL

Je jure que je ne jurerai plus. (*Ils se serrent la main.*)

MADAME D'ALBERTY

Maintenant, ce ne sera pas facile d'annoncer la nouvelle à ma fille.

L'AMIRAL

Elle passera vite là-dessus. Elle m'a avoué un secret que je peux vous dévoiler maintenant. Elle s'est fiancée.

MADAME D'ALBERTY

Fiancée! Et avec qui?

L'AMIRAL

M. Georges d'Astorg.

MADAME D'ALBERTY

Je m'en doutais.

L'AMIRAL

Je devance un peu l'heure de l'aveu. Car elle devait tout vous dire ce soir.

MADAME D'ALBERTY

Je ne vois aucun empêchement à ce mariage. M. d'Astorg est d'excellente famille.

L'AMIRAL

Et je le protégerai !

MADAME D'ALBERTY

Alors allons les rejoindre.

SCÈNE VII

LES MÊMES, LE MAITRE D'HOTEL

LE MAITRE D'HOTEL

Voici ! monsieur ! Voici un verre et du kümmel !

L'AMIRAL

Je n'en ai plus besoin. Ce sera pour demain.

LE MAITRE D'HOTEL

Demain... Demain !... Comme il y va !... A cause de ma mauvaise mémoire, on vient de me mettre à la porte...

RIDEAU

ÉMILE COLIN — IMPRIMERIE DE LAGNY